Adrian Frey

Zweiter Schweizerfrieden

Herrn
Hermann Bieri
danke ich
für
seinen Titel
„Sieben Lehr- und Wanderjahre",
welcher mir
wertvolle Angaben
über
Friedrich Traugott Wahlen
liefert.

Herstellung und Verlag:

Books on Demand Gmbh, Norderstedt

ISBN: 978-3-8423-8434-7

Inhalt

Wortlaut

Mein
Wortlaut
ist
gottgewollt!

Personen

Freunde

Anne Frank

Anne Frank
wäre
eine
Traumfrau
geworden…

Otto Frank

Otto Franks
Charisma
bewundere
ich.

Otto Frank
ist
ein
leidgeprüfter
Mann.

Ich bin froh für Otto,
geht er als Kläger auf dem Rechtsweg,
hat er Recht.

Ich gratuliere Otto herzlich,
wird er 91 Jahre alt!

Churchill

Churchill ist der Mann,
der an seinem 90. Geburtstag
in die Zukunft schaut…

Ich schüttle Winston die Hand,
ist er friedlich und zornig!

Ich bin froh für Winston,
macht er keinen Sport,
schreibt er seine Memoiren,
reist er nach Afrika.

Churchill beschreibt
Uganda als Perle Afrikas.

Seinen Literaturnobelpreis 1953
gönne ich ihm von Herzen!

Sport ist nicht nur gesund,
sondern kann auch gefährlich sein.

Noah

Noah wird von allen anderen verspottet.
Am Schluss ersaufen alle anderen, aber er nicht.

Wilhelm Tell

Ich bin dem Nationalhelden dankbar,
verfehlt er niemals sein Ziel.

Hesse

Hermann weiss,
wovon er in seinen Gedichten
Allein
und
Im Nebel
schreibt.

Wir gehen alleine durchs Leben,
ob wir es wahrhaben wollen oder nicht.
Der Mensch muss alleine sein können,
das Leben kann ihn dazu zwingen,
alleine sein zu müssen.

Friedrich Dürrenmatt

Ich bin Friedrich dankbar,
setzt er sich literarisch
– notabene in verschrobenem Stile –
für die Gerechtigkeit ein.

Friedrich Traugott Wahlen

Bravo,
Traugotts
Anbauschlacht
ist
eine
grosse
Leistung!

Seine
gehaltvolle
Überlegung
einer
gerechteren
Abgrenzung
der
Berggebiete
bedeutet
viel
Gutes.

Traugotteske
Landsleute
fördern
die
Schweiz.

Guisan

Das
Réduit
ist
eine
gute
Idee.

Der
General
handelt
geschickt.

Amundsen

Roald Südpolstürmer, ich liebe dich!
Wäre ich nekrophil, wärest du meiner!

Ich gratuliere Roald,
hat er seine Privatsphäre im Griff.

Ich bin froh für Roald,
geht er seinen eigenen Lebensweg.

Ich bewundere Roald,
erreicht er sein Lebensziel.

Leonardo da Vinci

Leonardo
ist
ein
heldenhafter
Superstar!

Newton

Im Juni 1661 wird Newton Student
an der Universität Cambridge.
Mit seinen Kommilitonen
findet er kaum Kontakt.
Er ist ihnen geistig weit überlegen
und lässt sie dies auch spüren.

Dass er tagelang nichts frisst
und nächtelang nicht pennt,
um sich mit Leib und Seele
seinen Entdeckungen zu widmen,
finde ich in Ordnung.

Einstein

Einstein sagt,
zwei Dinge seien unendlich,
nämlich
die Dummheit der Menschheit
und
das Universum,
wobei er beim Universum
nicht ganz sicher sei.

Reagan

Reagan ist wahrscheinlich
während seiner Amtszeit
ein fleissiger Tagebuchschreiber.
An seinem zweitletzten Amtstag
vertraut er vermutlich seinem Tagebuch an:
Morgen höre ich auf, Präsident zu sein.

Feinde

Hitler

Unmensch Hitler
ist die
hirnamputierteste Missgeburt
der Menschheit.

Idi Amin

Ich fresse gern
Blut- und Leberwurst!

Napoleon

Ich werfe Napoleon
rein gar nix vor,
krönt er sich selbst
zum Kaiser!

Louis XVI

Louis XVI schreibt vielleicht
in den frühen Morgenstunden
des 14. Juli 1789
einzig das Wort
rien
in sein Tagebuch.

Impressionen

Afrika

Sonne

Afrika
ist
des
21. Jahrhunderts
Sonne!

Herz

In meinem Herzen
verehre ich
Uganda und Ghana
1:1!

Wiege

Afrika
ist
die Wiege
der Menschheit.

Wird
Afrika
auch
der Sarg
der Menschheit
sein?

Italien

Toscana

Mittelitalien
ist
Italiens
Mutter.

Florenz

Florenz
ist
die
mentale
Hauptstadt
der
Welt!

Italianità

Ich
habe gern
italienisches Flair.

Lob

Ich lobe

Adrian

Adrian
ist
der
mit
Abstand
denkbar
schönste
Name!

Die Ghanaer

Die
Ghanaer
sind
fröhliche
Menschen.

Die Ugander

Die
Ugander
sind
optimistische
Menschen.

Die Deutschen

Die
Deutschen
mag
ich
gut.

Sie
sind
freundlich,
fleissig
und
zuverlässig.

Die Liechtensteiner

Die
Liechtensteiner
sind
liebe
Leute.

Die Österreicher

Die
Österreicher
sind
gemütliche
Leute.

Die Holländer

Die
Holländer
sind
bei
mir
willkommen.

Sie
sind
heiter
und
tüchtig.

Die Amerikaner

Die
Amerikaner
sind
kollegiale
Leute.

Die Atheisten

Die
Atheisten
haben
die
Fähigkeit,
nichts
glauben
zu
können.

Die Papageien

Die
Papageien
sind
langlebige
Gesprächspartner.

Ich werde gelobt

Claudio

Claudio
beurteilt
meine
schriftstellerische
Tätigkeit
gut:

Sie ist akribisch.
Du hast angeborene Eigenständigkeit.
Lebe deinen Sinn für Individualität,
denn dies schafft literarische Werke!

Heinrich

Heinrich
schreibt
mir
eine
Botschaft:

Fliegen kannst du!
Da ist etwas Wahres dran!

Wollen wir dich feiern
oder uns dir servieren?

Keller

Keller
äussert
sich
über
den
Autor:

Man könnte meinen,
Frey fische
in der Luft,
derart lebensfroh
ist er.

Aber er zieht
viele Fische
aus dem Wasser…

Weisheit

Auto

Ich flitze gern
mit meinem Polo
gen Norden.

Belchengespenst

Ich bin froh für Ernst,
sagt er,
es sei möglich,
dass es
das Belchengespenst gebe.

Frau

Eine Fee
wäre
mir
lieber
als
eine Frau!

Fernseher

Ich
halte
nix
von
Fernsehern
und
von
Farbfernsehern!

Wellness

Wellness
ist
für
mich
Illness.

Meiner Mutter
und mir
wünsche ich
von Herzen
das Wichtigste
– die beste Gesundheit!

Leben

Ich
liebe
mein
Leben!

Dritter Schweizerfrieden

Auf den
Dritten Schweizerfrieden
in 717 Jahren!